AF278676

PROCÈS POLITIQUE D'ORAN.

POURVOI EN CASSATION.

A M. DUPIN AINÉ,

PROCUREUR-GÉNÉRAL

Près la Cour de cassation.

Monsieur le procureur général,

Une question de la plus haute importance est soumise au jugement de la cour de cassation.

Resserrée dans les limites d'un incident judiciaire, cette question semble ne toucher qu'à la législation criminelle de l'Algérie ; dans le fond, elle touche au principe même de la législation algérienne.

En l'absence de l'institution du jury et des autres garanties de justice attachées à l'organisation judiciaire de la France, est-il permis à des magistrats amovibles de connaître des délits et des crimes politiques ? Tel est en apparence le seul point que la cour de cassation est appelée à résoudre.

En réalité, le sujet est plus vaste et plus grave.

A-t-il pu entrer dans la pensée du législateur de dénier à l'Algérie l'institution du jury avec les garanties qui en résultent?

Est-il permis de tolérer plus longtemps en Algérie le régime illégal des arrêtés et des ordonnances, régime exceptionnel et bâtard dans lequel lois particulières, lois générales, ordonnances et décrets se heurtent, s'amalgament au hasard, selon le gré du pouvoir, et constituent un inextricable chaos, une confusion profonde, aussi préjudiciable aux intérêts de la justice qu'à ceux du travail et de la colonisation ?

Le temps n'est-il pas venu de substituer enfin le régime légal à celui du bon plaisir, qu'on veut maintenir en dépit de la Constitution ?

Telle est bien en réalité la solution qui, explicitement ou par induction, doit ressortir pour nous du jugement que va rendre la cour de cassation, ou au moins des considérants sur lesquels il s'appuiera.

Au moment où la commission parlementaire chargée de la révision de la législation algérienne est sur le point de terminer son œuvre, où le ministère de la guerre et son comité consultatif travaillent de leur côté à perpétuer et à défendre contre toute innovation libérale l'œuvre du passé ; au moment où l'Assemblée nationale va être appelée à se prononcer d'une manière catégorique et définitive sur le sort réservé à l'Algérie, la cour de cassation ne pouvait, d'une manière plus opportune, se trouver conviée à apporter dans cette grave discussion l'autorité d'une opinion éclairée et indépendante de toute préoccupation d'intérêt ou de passion politique.

A vous, Monsieur le procureur général, de prendre la parole dans cette circonstance solennelle. Le nom que vous portez vous oblige non-seulement à l'égard de la magistrature, non-seulement à l'égard du gouvernement, mais encore à l'égard de l'Algérie qui, à travers tous les revirements et toutes les dissidences politiques, a toujours avec bonheur trouvé dans votre.

frère un appréciateur juste et éclairé de sa cause et un défenseur dévoué de ses intérêts.

Devant cette obligation, monsieur le procureur-général, vous ne reculerez pas, nous y comptons. Jamais assurément une plus belle cause ne pouvait être confiée à votre patriotisme, un plus noble but à votre talent.

Ce n'est pas ici le lieu d'envisager la question soumise à la cour de cassation à son point de vue politique et social; nous devons nous renfermer dans les limites de l'incident judiciaire à propos duquel elle s'est produite.

La force des idées en fera ressortir naturellement les conséquences générales. Nous nous bornerons donc à exposer et à examiner le sujet dans la forme et dans les termes mêmes où il se présente à la cour de cassation.

En 1850, un procès politique a surgi en Algérie; ce procès a été déféré au tribunal d'Oran jugeant criminellement sans assistance de jurés.

Les soixante accusés impliqués dans l'affaire ont décliné la compétence de ce tribunal; ils ont prétendu que la législation de l'Algérie ne contenait aucune dérogation au principe qui veut que la culpabililité d'un acte politique ne puisse être reconnue que par le jury.

Le tribunal d'Oran a rendu, le 13 décembre 1850, un jugement ainsi conçu :

Attendu que si l'art. 83 de la Constitution du 4 novembre 1848 renvoie exclusivement au jury la connaissance des délits politiques, l'art. 109 dispose en même temps que pour l'avenir, le territoire de l'Algérie sera régi par des lois particulières ;

Attendu que d'après l'art. 10 de l'ordonnance du 26 septembre 1842 sur l'organisation judiciaire en Algérie, les tribunaux connaissent des crimes et délits *sans aucune distinction*, et que la cour, statuant sur l'appel d'après l'article 5 de la même ordonnance, connaît de toutes les affaires de la compétence des cours d'assises ;

Attendu que l'art. 62 réglemente la forme de procéder tant en matière correctionne'le que criminelle ;

— 4 —

Attendu, en fait, que le tribunal est composé de tous ses membres,
r. oins **M.** le juge d'instruction ;

Le tribunal se déclare compétent et ordonne qu'il sera passé outre
aux débats.

Sur l'appel des accusés, il a été soutenu en leur nom que la
cour était incompétente au même titre que le tribunal d'Oran ;
la cour a statué ainsi le 17 décembre 1850 :

Attendu que si l'art. 109 de la Constitution dispose que l'Algérie sera désormais régie par des lois particulières, cette disposition, de *pure
expectative*, ne saurait, avant d'être réalisée, apporter aucune modifi-
cation à la législation en vigueur ;

Attendu que la compétence de la cour d'appel et des tribunaux de
l'Algérie en matière criminelle est régie par les dispositions générales
de l'ordonnance organique du 26 septembre 1842, et que la juridiction
qui leur est déférée embrasse *sans exception* les crimes et délits de
toute nature, quelle que soit leur dénomination ;

Attendu que la plénitude de cette juridiction ressort clairement de la
généralité des termes de l'art. 5 de ladite ordonnance, qui attribue à la
cour d'Alger la connaissance de toutes les affaires de la compétence
des cours d'assises en France, et résulte pour les autres tribunaux de
l'art. 10, qui est corrélatif au même art. 5, et qui a nécessairement la
même portée et la même signification ;

Attendu, d'après cela, qu'il est oiseux d'invoquer l'art. 83 de la Constitution, qui défère au jury la connaissance des crimes et délits politiques, puisque l'institution du jury n'étant pas établie en Algérie, ledit
article ne peut recevoir aucune application ;

Attendu, d'après ces considérations, que le tribunal d'Oran était compétent pour connaitre de l'accusation de complot et de société secrète
qui lui était déférée ; que la cour est également compétente pour en
connaitre sur appel, et qu'en l'état, la compétence étant ainsi fixée d'a-
près les principes généraux du droit en Algérie, il n'écheoit pas sur
cette question de la constitutionnalité du décret du chef du pouvoir
exécutif du 28 novembre 1848 ;

Par ces motifs,

La cour, sans s'arrêter au déclinatoire proposé par les accusés dont
ils sont démis et déboutés,

Confirme le jugement de compétence dont est appel, déclare, en outre, sa propre compétence, et ordonne qu'il sera passé outre aux débats.

Les accusés se sont pourvus en cassation contre cet arrêt.

De graves considérations militent en faveur de ce pourvoi.

Le tribunal d'Oran et la cour d'Alger, au lieu de décider franchement la question qui leur était soumise, se sont créés des objections faciles à combattre et auxquelles personne n'avait songé.

Ainsi, les accusés ont cité l'art. 83 de la Constitution, qui consacre de nouveau le principe que les crimes et délits en matière politique doivent être déférés au jury, mais ils n'ont pas soutenu que cet article dût trancher la question en Algérie, puisque le régime de la Constitution nous est seulement promis et que le seul article applicable dans ce pays est l'art. 109.

Il n'y a pas d'équivoque possible sur ce point ; le territoire français de l'Algérie doit, à partir de la Constitution, être régi par des lois particulières, en attendant le droit commun ; les ordonnances et arrêtés antérieurs à la Constitution doivent continuer à être appliqués jusqu'à ce qu'une loi les rapporte ou les modifie, puisque leur constitutionnalité a été reconnue par un arrêt de la cour de cassation et par la Constitution elle-même qui, ne disposant que pour l'avenir, valide le passé.

Cependant, le tribunal et la cour supposent que l'art. 83 est opposé comme décidant la question sans réplique ; leur argumentation ne sera pas contestée ; elle frappe dans le vide.

La cour décide que la législation en vigueur au moment où la Constitution a été promulguée n'est pas modifiée par l'art. 109 disposant que l'Algérie doit être régie par des lois particulières : soit, nous ne contestons pas plus cet inutile paragraphe que celui déjà examiné. Soyons explicites : nous confessons que l'ordonnance du 26 septembre 1842 régit la matière ; c'est dans cette ordonnance qu'il faut puiser les raisons de décider ; nous le reconnaissons.

Avant d'arriver aux articles 5 et 10 de cette ordonnance, élagons encore de la discussion tout ce qui y est étranger. Le tribunal d'Oran se prévaut de ce que l'article 62 de l'ordonnance réglemente la forme de procéder tant en matière correctionnelle que criminelle.

Nous avouons ne rien comprendre à cet argument ; nous n'avons jamais saisi quel rapport, même indirect, il pouvait y avoir entre l'article 62 et la compétence du tribunal d'Oran en matière politique ; notre étonnement augmente encore quand nous voyons le tribunal appliquer ses soins à constater dans le paragraphe suivant qu'il se trouve composé de tous ses membres, moins M. le juge d'instruction.

A la première lecture, nous avions cru que les accusés s'étaient plaints de la composition du tribunal , mais il n'en a jamais été fait mention, même en dehors de la question de compétence qui, suivant le tribunal d'Oran , se trouverait résolue par l'abstention de M. le juge d'instruction.

Nous avons hâte d'arriver au cœur de la question.

Oui ou non, les articles 5 et 10 de l'ordonnance du 26 septembre 1842 donnent-ils aux tribunaux et à la cour criminelle de l'Algérie le droit de connaître des crimes et délits politiques, par exception au droit commun ?

Selon le tribunal d'Oran et la cour d'Alger, la question n'est pas douteuse ; voyons comment ils la résolvent et sur quelle base solide leur décision est assise.

Le tribunal d'Oran considère que, d'après l'article 10 de l'ordonnance du 26 septembre 1842 sur l'organisation judiciaire en Algérie, les tribunaux connaissent des crimes et délits *sans aucune distinction,*

Nous avons besoin de nous rappeler ici que nous nous adressons au procureur général près la cour de cassation pour ne pas nous exprimer en termes trop vifs contre cette manière de trancher une question embarrassante en présence d'un article comme

celui invoqué ; le tribunal d'Oran aurait dû savoir que quand la compétence d'un tribunal est contestée, ce n'est pas par une pétition de principes qu'on peut la reconnaître convenablement.

Les accusés se prévalent de l'article 10 pour conclure à l'incompétence du tribunal d'Oran qui, de son côté, fonde sa compétence sur ce même article ; il est donc indispensable de le citer ; le voici :

La compétence en premier et dernier ressort des tribunaux de première instance en matière civile et correctionnelle est la même que celle des tribunaux de première instance de France.

Ils connaissent de l'appel des jugements en premier ressort des tribunaux de paix, en matière civile et de simple police.

Les tribunaux de première instance de Bône, Oran et Philippeville connaissent en outre :

1° *Des crimes à charge d'appel* ;

2° Des affaires de commerce à l'égard desquelles leur compétence en premier et dernier ressort est la même qu'en matière civile.

Dans tous les cas où le tribunal statue sur des faits qualifiés crimes, le juge qui a fait l'instruction ne peut siéger.

C'est dans cet article que le tribunal d'Oran trouve sa compétence pour les crimes et délits , *sans aucune distinction* ; voyons si nous arriverons au même résultat.

La même compétence que celle des tribunaux de première instance de France. Ici donc et aux termes de ce paragraphe, la question devient celle de savoir si les tribunaux de première instance de France connaissent des délits politiques ; car c'est à cette condition seule que le tribunal d'Oran sera appelé lui-même à en connaître ; or, la négative est trop certaine pour avoir besoin d'être démontrée.

Ils connaissent des crimes à charge d'appel..... Supposons un instant que le mot *crimes* embrasse non seulement les crimes ordinaires, mais même les crimes politiques ; il ne pourra jamais en résulter que ce mot comprenne en même temps les *délits* politiques ; ainsi, avec la meilleure volonté et la plus minutieuse attention, il est impossible de se rendre compte de cette opinion émise par le tribunal d'Oran que l'article 10 lui attribue la connaissance des délits *sans aucune distinction* ; le mot délit n'est pas même employé une seule fois dans l'article 10.

On sait que dans le langage du droit, le mot *délit* comprend quelquefois dans sa généralité les crimes et même les simples contraventions ; mais le mot crime est toujours restreint aux faits punis de peines afflictives et infamantes.

Ainsi, pour les délits politiques, disons-le, un homme de bonne foi ne peut contester qu'il n'en est pas question dans l'article 10 ; le tribunal d'Oran et la cour d'Alger auraient dû le reconnaître et se borner à soutenir qu'ils avaient plénitude de juridiction en matière criminelle ; c'est le seul argument en faveur de leur compétence ; nous le discuterons tout à l'heure ; nous nous en tenons quant à présent à l'article 10.

Le tribunal d'Oran peut-il connaître des crimes politiques quand il ne peut pas juger les délits de même nature ?

Nous prétendons que non.

L'article 10 dit bien que le tribunal d'Oran connaît des crimes à charge d'appel ; mais cette désignation, au milieu d'un article de quatre paragraphes qui s'appliquent aux affaires de simple police , de justice de paix , correctionnelles , civiles et commerciales, ne peut comprendre que les crimes ordinaires et non les crimes politiques.

Pour attribuer à un tribunal jugeant sans jurés, la connaissance des crimes politiques, il faudrait une lettre franche, claire et précise ; il n'est pas permis de supposer légèrement que le législateur de 1842 ait voulu distraire des citoyens de leurs juges naturels et constituer en Algérie des tribunaux politiques extraordinaires.

Comme nous l'avons dit, s'il est un point incontesté aujourd'hui en France, c'est qu'il n'y a pas de procès politique sans jury ; il en doit être ainsi à bien plus forte raison en Algérie, car en France les accusés trouveraient, dans l'inamovibilité de la magistrature des garanties d'indépendance que n'offre pas la magistratrure algérienne qui, selon l'expression du président de la cour d'Alger, dans un discours d'installation, n'a pas encore reçu la consécration politique.

S'il nous était permis, dans une discussion de droit, de tirer argument d'un fait qui n'est choisi parmi d'autres faits du même genre que comme le plus récent, nous vous dirions, monsieur le procureur-général, que le doyen de la cour d'Alger vient d'être envoyé à la Martinique, c'est-à-dire révoqué, par l'unique motif qu'il avait manifesté une opinion contraire à la translation des tribunaux à l'extrémité d'un des faubourgs d'Alger. Que serait-ce si un magistrat osait émettre une opinion favorable aux accusés d'Oran ? Ce seul exemple ne semble-t-il pas justifier le doute manifesté par les accusés sur l'indépendance de la magistrature algérienne !

La cour d'Alger a reconnu sa compétence et celle du tribunal d'Oran. Eh bien ! il est notoire à Alger que les sept personnes qui désirent le plus la cassation de l'arrêt sont les magistrats qui l'ont rendu !

Revenons au dernier mot du tribunal d'Oran :

»La cour, statuant sur l'appel d'après l'art. 5, connaît de toutes les affaires de la compétence des cours d'assises. »

Nous nous trouvons ici dans le même embarras que pour l'art. 10 ; les accusés tirent avantage de l'art. 5, en le citant textuellement ; le tribunal d'Oran s'en sert en n'en rappelant qu'une partie.

Voyons donc l'art. 5 :

La cour royale d'Alger se compose :
D'un président,
De sept conseillers,
De deux conseillers-adjoints ayant voix délibérative ;

D'un greffier et de commis-greffiers assermentés, dont le nombre est déterminé par le ministre de la guerre selon les besoins du service ;

Les fonctions du ministère public près la cour sont remplies par un procureur-général, deux avocats-généraux, un substitut du procureur-général.

Constituée en chambre civile, la cour connaît, en matière civile et commerciale, de l'appel des jugements rendus en premier ressort par les tribunaux de première instance et de commerce, et par les tribunaux musulmans.

Constituée en chambre criminelle, elle juge :

1° *Toutes les affaires de la compétence des cours d'assises*, directement pour la province d'Alger, et sur appel des jugements rendus par les tribunaux de Bône, Oran et Philippeville, *dans les cas prévus par le* 3e *alinéa de l'art.* 10 *ci-après* ;

2° Les appels en matière correctionnelle ;

3° Directement, les crimes et délits prévus par le chap. 3 du titre 4, livre 2, du Code d'instruction criminelle, dans tous les cas où la connaissance en est déférée aux cours royales de France.

En toute matière, la cour ne peut juger qu'au nombre de cinq conseillers au moins.

Ayant cet article 5 sous les yeux, voici comment raisonne le tribunal d'Oran : la cour connait de toutes les affaires de la compétence des cours d'assises sur appel des jugements rendus par le tribunal d'Oran ; le tribunal d'Oran connaît donc aussi de toutes les affaires de la compétence des cours d'assises et comme les cours d'assises jugent les délits politiques, le tribunal d'Oran a donc été valablement saisi.

Un instant d'attention suffit pour faire crouler toute cette argumentation ; le tribunal d'Oran omet de tenir compte de la partie restrictive de l'article 5 ; il est dit dans cet article que la cour juge les affaires de la compétence des cours d'assises *dans les cas prévus par le troisième alinéa de l'article* 10 *ci-après* ; le tribunal d'Oran passe sous silence cette restriction qui borne la compétence de la cour en matière criminelle à celle du tribunal d'Oran et qui, conséquemment ne saurait étendre celle de ce tribunal telle qu'elle se trouve déterminée par l'article 10.

On peut donc le déclarer sans crainte, il n'y pas un argument sérieux dans les considérants du tribunal d'Oran ; le ministère public l'a reconnu lui-même devant la cour. Voyons maintenant ce qui reste de l'arrêt :

La juridiction déférée à la cour d'appel et aux tribunaux de l'Algérie en matière criminelle embrasse *sans exception les crimes et délits de toute nature, quelle que soit leur dénomination.*

Voilà la question tranchée ; viennent ensuite les arguments :

La plénitude de cette juridiction ressort clairement de la généralité des termes de l'article 5 qui attribue à la cour d'Alger la connaissance de toutes les affaires de la compétence des cours d'assises de France.

Nous avions espéré que la cour ne se bornerait pas à reproduire presque dans les mêmes termes le jugement du tribunal d'Oran ; nous trouvons cependant dans son arrêt les mots ; *sans exception,* qui, en présence de l'article 10, sont incompréhensibles.

La cour ne tient pas plus de compte que le tribunal d'Oran de ces mots : *dans les cas prévus par le deuxième alinéa de l'article* 10, qui ont bien leur signification et qui ne sont rien moins qu'une *généralité.*

Que cette plénitude de juridiction résulte pour les autres tribunaux de l'article 10 qui est corrélatif au même article 5, et qui a *nécessairement* la même portée et la même signification.

Il est nécessaire, dit-on, que l'article 10 signifie au-delà de son contexte, et cela parce qu'il est corrélatif à l'article 5 ! Mais il est évident, au contraire, que c'est l'article 5, qui est corrélatif à l'article 10, puisque les attributions conférées par l'article 5 sont limitées à celles indiquées dans un paragraphe de l'article 10.

Cette plénitude de juridiction en matière criminelle n'existe pas le moins du monde au profit de la cour et des tribunaux de l'Algérie ; la preuve en résulte des termes spécificatifs des articles 5 et 10 ; elle en résulte de l'omission volontaire des délits politiques dans l'article 10 ; elle en résulte de la restriction contenue à la fin d'un paragraphe de l'article 5 ; elle en résulte encore du paragraphe du même article par lequel le législateur de 1842 énumère une certaine catégorie de crimes et délits dont la connaissance est déférée à la cour ; elle en résulte surtout de l'article 6 de la même ordonnance, qui est conçu dans les termes suivants :

La cour royale ne peut exercer d'autres attributions que celles qui lui sont expressément conférées par la présente ordonnance.

D'après la cour d'Alger, elle aurait toutes les attributions sans en excepter une seule, et cependant un article existe qui lui défend d'en connaître d'autres que celles qui lui sont expressement conférées par l'ordonnance.

Il faut donc chercher, en dehors de l'ordonnance organique de 1842, si le tribunal d'Oran et la cour d'Alger peuvent connaître des crimes et délits politiques, et pour arriver à ce résultat, il n'y a qu'un argument;

L'institution du jury n'est pas établie en Algérie, et il ne peut pas se faire que les crimès et délits politiques restent impunis.

Permettez-nous, Monsieur le procureur général, de rappeler les principes sur cette question. Nous concevons parfaitement que les tribunaux civils aient la plénitude de juridiction et que quand les tribunaux administratifs, de commerce et autres ne sont pas compétents, le tribunal civil doive l'être nécessairement; cependant, il y a tous les jours des demandes en réglement de juges et les tribunaux n'ont pas à se préoccuper de l'embarras que la cour de cassation peut éprouver. Le tribunal dont la compétence est contestée doit, avant tout, examiner s'il a juridiction, et dans le cas de la négative, renvoyer devant qui de droit sans spécifier le tribunal qui doit en connaître.

C'est surtout en matière criminelle et en matière politique qu'il en doit être ainsi ; les tribunaux de l'Algérie, loin d'avoir la plénitude de juridiction en matière politique, ne sont pas les juges naturels des accusés, ils seraient des tribunaux d'exception ; leur compétence est donc de droit étroit et doit résulter d'un article de loi clair et précis,

Peu importe que le jury ne soit pas institué en Algérie; les accusés peuvent-ils en souffrir? Dépendait-il d'eux que le jury existât ou n'existât pas? On oppose que quand ils ont conspiré à Oran le renversement du gouvernement républicain, ils savaient que le jury n'existait pas. C'est toujours la question par la question ; les accusés prétendent faire juger par le jury qu'il n'y a eu ni complot, ni conspiration ; il ne faut pas supposer jugé le fait qui leur est imputé.

On peut affirmer sans témérité que le législateur préférerait l'impunité au jugement des crimes et délits politiques par des magistrats amovibles.

Prenons un exemple : quand la loi sur les sociétés secrètes a été votée, en juillet 1848, y a-t-il un seul membre de l'Assemblée constituante qui ait pensé que les infractions à cette loi seraient jugées, même en Algérie, par des magistrats amovibles? Nous nous adressons à vous, Monsieur le procureur général, avec une confiance absolue, et nous vous demandons, à vous qui étiez législateur en 1848, si vous avez entendu que la loi sur les clubs et les sociétés secrètes serait appliquée par des magistrats amovibles jugeant sans jury, et nous vous demandons encore s'il n'est pas vrai que, dans le cas où une proposition de pareille nature eût été faite, elle eût été vigoureusement combattue et rejetée.

Quoi qu'il en soit, les tribunaux ne peuvent pas suppléer au silence de l'Assemblée constituante à l'égard de l'Algérie; ils ne peuvent pas, en matière de compétence exceptionnelle, supposer l'intention du législateur.

La législation du pays ne laisse pas le pouvoir désarmé ; il a droit d'expulser de l'Algérie tout habitant qui troublerait la tranquillité.

Au reste, Monsieur le procureur général, il suffit de jeter un coup d'œil sur la législation algérienne, notamment sur le régime appliqué aux territoires militaires, pour constater que, même en matière civile, la juridiction manque dans une foule de cas graves. Tous les jours on voit, dans les territoires militaires, des causes importantes solliciter vainement des juges, ballotées dans une voie sans issue entre des tribunaux qui les repoussent à titre d'incompétence.

S'il était vrai que le pouvoir se trouvât désarmé, à qui en imputer la faute, sinon au législateur, et pourquoi rendrait-on le justiciable responsable d'un tort qui n'est pas le sien ?

Nous désirons terminer cette lettre, déjà trop longue ; mais cependant nous ne pouvons nous empêcher de vous rappeler, M. le procureur général, l'ordonnance du 12 novembre 1830 qui rapporte, comme contraire à tous les principes politiques, une précédente ordonnance qui autorisait la cour de justice de Corse à juger les procès criminels sans le concours des jurés.

Enfin, Monsieur le procureur général, la meilleure preuve que le pouvoir exécutif lui-même ne considère pas l'ordonnance de 1842 comme accordant plénitude de juridiction aux tribunaux criminels de l'Algérie, c'est qu'il n'a pas promulgué dans ce pays la loi de juillet 1848 sur les clubs et les sociétés secrètes, mais qu'il a cru devoir prendre, le 28 novembre 1848, un arrêté reproduisant toutes les dispositions de cette loi avec une addition pour en soumettre les infractions à la juridiction criminelle de l'Algérie.

La constitutionalité de cet arrêté a été contestée par les accusés ; la cour n'a pas voulu examiner cette question, mais dans la pensée du pouvoir, il fallait une disposition nouvelle pour soumettre les délits politiques au jugement des magistrats révocables de l'Algérie, et l'ordonnance du 26 septembre 1842 ne remplissait pas ce but.

Quelle que soit, Monsieur le procureur général, l'opinion que vous adoptiez sur la question soumise à la cour de cassation, nous la respecterons ; votre haute indépendance, la droiture d'esprit qui vous distingue, nous sont un sûr garant que votre examen sera consciencieux et dégagé de toute préoccupation politique.

Recevez, Monsieur le procureur général, l'assurance de mon profond respect.

J.-A. REY,

directeur de l'*Atlas*.

Alger. — Imp. REY, DELAVIGNE et Cie, rue de l'Etat-major, 37.